초발심자경문 사경본

원순스님 · 한글 사경

초발심자경문 사경본

도서출판 법공양

【삼귀의】

귀의불 양족존 　거룩한 부처님께 귀의합니다.
歸依佛 兩足尊

귀의법 이욕존 　성스런 가르침에 귀의합니다.
歸依法 離欲尊

귀의승 중중존 　청정한 스님들께 귀의합니다.
歸依僧 衆中尊

【칠불통게】

제악막작 　오늘도 나의 허물 되돌아보며
諸惡莫作

중선봉행 　맑고도 향기로운 삶을 살면서
衆善奉行

자정기의 　하늘 빛 푸른 소원 참마음으로
自淨其意

시제불교 　부처님 가르침을 꽃피우소서.
是諸佛敎

【사홍서원】

중생 무변 서원도 　중생을 다 건지오리다.
衆生 無邊 誓願度

번뇌 무진 서원단 　번뇌를 다 끊으오리다.
煩惱 無盡 誓願斷

법문 무량 서원학 　법문을 다 배우오리다.
法門 無量 誓願學

불도 무상 서원성 　불도를 다 이루오리다.
佛道 無上 誓願成

* 팔관재계는 십재일인 매달 음력 1일, 8일, 14일, 15일, 18일, 23일,
  24일, 28일, 29일, 30일에 받아 지녀
  부처님의 복덕과 지혜를 닦아나가는 방편이다.

십재일은 나쁜 기운이 드세어 사람의 몸을 해치고 마음을 어지럽힌다.
그러므로 부처님께서는 여덟 가지 계와 한낮이 지나면 음식을 먹지 않는
재법齋法으로 모든 중생이 복덕과 지혜를 길러 세상의 괴로움에서 벗어나게 하였다.

팔관재계八關齋戒의 '관關'은 허물이 일어나지 않게 막는 것이요, '재齋'는 맑고 깨끗한
삶이며 '계戒'란 지켜야 할 것을 말한다. 여덟 가지 계를 잘 지키면 '맑고 깨끗한 삶'의
뿌리가 저절로 형성된다.

【팔관재계】

하룻낮 하룻밤 동안

불비시식不非時食

때가 아니면 먹지 않는 '맑고 깨끗한 삶'을 살아야 합니다.

하룻낮 하룻밤 동안

1. 중생의 생명을 **빼**앗지 않고 '자비로운 삶'을 살아야 합니다.

2. 도둑질 하지 않고 '마음이 넉넉한 삶'을 살아야 합니다.

3. 인간관계를 나쁘게 맺지 않고 '행복한 삶'을 살아야 합니다.

4. 거짓말하지 않고 '진실한 삶'을 살아야 합니다.

5. 술을 마시지 않고 '지혜로운 삶'을 살아야 합니다.

하룻낮 하룻밤 동안

6. 향수나 꽃으로 몸을 꾸미지 않고 '편안한 삶'을 살아야 합니다.

7. 춤이나 노래로 마음이 들뜨지 않고 '고요한 삶'을 살아야 합니다.

8. 높은 자리에 앉지 않고 '마음을 비우는 삶'을 살아야 합니다.

불기 25   년   월   일   수계행자   정례(頂禮)

초발심자경문 사경 공덕을 찬탄하며

『초발심자경문』은 '계초심학인문誡初心學人文'과 '발심수행장發心修行章', '자경문自警文' 이 세 가지를 엮어 만든 책의 이름입니다. 계초심학인문은 '마음 닦는 이를 위하여' 쓴 글이며, 발심수행장은 '마음 닦는 수행이란' 무엇인지를 밝히고 있고, 자경문은 '도 닦으며 스스로 경책하는 글'입니다.

'초심初心'은 부처님 말씀대로 실천하게 함으로써 불법을 알게 하려는 글인데 보조 국사께서 지으셨습니다.

'발심發心'은 불법을 알고 나서 수행하려는 이가 어떤 마음가짐으로 어떻게 살아야 사문沙門의 바른 생활이며 어떻게 공부해야 하는지를 말해주는 글인데 원효 조사께서 지으셨습니다.

'자경自警'은 도 닦을 마음을 내어 수행하는 사람이 늘 자기를 돌아보고 자주 경책함으로써 잘났다는 마음과 게으른 마음이 나지 않게 하고 삿된 소견을 바로잡아 컴컴한 귀신굴 속에 떨어지지 않게 하며 항상 밝고 바른 고불고조古佛古祖의 길로 가도록 이끌어 주는 글인데 야운野雲 조사께서 지으신 것입니다.

이 세 법문이 모두 출가한 이들을 위한 글이라고 하지만 불법을 믿는 불자는 모두 이 글을 배워야만 하니, 처음 발심해서 부처가 될 때까지 이 글이 가리키는 길을 벗어나면 삿된 소견에 떨어지기 때문입니다.

초발심자경문을 독송하면서 사경을 한다면 그 수행 공덕은 이루 말할 수가 없습니다. 사경 불사에는 부처님 가르침대로 살고자 하는 원력이 담겨 있기 때문입니다. 한 글자씩 정성스럽게 이 초발심자경문을 반복해서 옮겨 쓰다 보면 자연스레 경전의 글귀도 외워지고 그 안에 담긴 부처님 가르침도 오롯이 마음속에 피어나, 행복이 충만하고 괴로움이 없는 부처님 세상으로 들어가게 될 것입니다.

부처님과 아름다운 인연을 맺어 이 경을 사경 할 때는 몸과 마음을 정갈히 하고 깨끗한 장소에서 한마음으로 한 자 한 자 정성을 다해 써나가야 합니다. 성스러운 부처님을 모셔 놓거나 향을 피우는 의식도 좋습니다.

사경을 할 때는 처음부터 끝까지 조급한 마음도 없고 또한 게으른 마음도 없어야 합니다. 거문고의 줄을 고르듯 한 획 한 획 마지막까지 붓에 힘을 싣는 정성으로 집착과 시비 분별하는 마음을 내려놓고 부처님의 마음자리로 들어가야 합니다.

사경을 한 뒤에는 오색 비단 보자기에 싸서 이 경전을 깨끗한 곳에 모셔 놓으면, 동서남북의 천왕과 온갖 천신들이 모두 그 장소로 나아가 공양을 올리면서 이 경전을 지키며 보호할 것이니, 이 험한 세상에서 횡사할 일도 없고 다시는 나쁜 세상 어디에도 떨어질 일이 없습니다.

사경을 하는 초발심자경문 행자시여, 삼세 모든 부처님이 지키고 보호할 것이니, 그 가피로 온갖 장애와 번뇌에서 벗어나 뜻한 대로 소원이 다 이루어져서 행복한 부처님의 세상에서 늘 함께하옵소서.

부처님을 믿는 마음 지극정성 사경 하니
빛으로서 오는 복덕 온갖 공덕 회향함에
온갖 질병 재난 구설 지금 모두 사라져서
눈길 가는 모든 곳이 눈이 부신 극락정토.

2023년 2월 4일
조계산 송광사 인월암 인월행자 두 손 모음

초발심자경문 차례

【사경 발원문】

(   ) 사경 제자는

부처님 전에 발원하오니
부처님의 가르침을 받아 지녀 날마다
정성껏 읽고 쓰고 외우겠습니다.

사경에서 나오는 온갖 공덕을
남김없이 우리 이웃에 회향하여
향기로운 부처님의 세상을 꽃피우고자 하오니

시방 삼세 모든 부처님께서는
장애가 없도록 사경 하는 제자들을 빠짐없이
굽어살펴 주시옵소서.

20 년 월 일 불제자   정례(頂禮)

【사경의식】

○ 불법승에 귀의하니

歸依佛 兩足尊
귀의불 양족존

歸依法 離欲尊
귀의법 이욕존

歸依僧 衆中尊
귀의승 중중존

거룩한 부처님께 귀의합니다.

성스런 가르침에 귀의합니다.

청정한 스님들께 귀의합니다.

○ 부처님 법 드러내며

無上甚深 微妙法
무상심심 미묘법

百千萬劫 難遭遇
백천만겁 난조우

我今聞見 得受持
아금문견 득수지

願解如來 眞實意
원해여래 진실의

그 이치가 깊고 깊은 오묘하고 미묘한 법

백천만겁 살더라도 만나 뵙기 어려우니

제가 이제 듣고 보고 부처님 법 받아 지녀

부처님의 진실한 뜻 깨닫기를 원합니다.

○ 법의 곳간 여는 진언

옴 아라남 아라다 (3번)

○ 사경발원

– 사경 발원문 낭독

○ 사경을 마친 뒤

– 손수 쓴 경전을 독송한다.

○ 사경 공덕을 회향하니

寫經功德殊勝行
사 경 공 덕 수 승 행

無邊勝福皆廻向
무 변 승 복 개 회 향

普願沈溺諸有情
보 원 침 익 제 유 정

速往無量光佛刹
속 왕 무 량 광 불 찰

경을 쓰는 이 공덕이 보살들의 뛰어난 삶
끝이 없는 온갖 복덕 빠짐없이 회향하여
이 힘으로 원하건대 무명 속의 모든 중생
지금 바로 부처님의 극락정토 가옵소서.

제1장

계초심학인문

誠初心學人文

誡初心學人文
계 초 심 학 인 문

夫初心之人은
부 초 심 지 인

須遠離惡友하고 親近賢善하며
수 원 리 악 우 　 친 근 현 선

受五戒十戒等하여
수 오 계 십 계 등

善知持犯開遮하라
선 지 지 범 개 차

但依金口聖言이지
단 의 금 구 성 언

莫順庸流妄說이어다
막 순 용 류 망 설

마음 닦는 이를 위하여

처음 도를 닦고자 하는 이는
모름지기 나쁜 친구를 멀리하고
어질고 착한 친구를 가까이해야 하며

맑고 아름다운 세상을 살 수 있는
부처님의 오계나 십계 등을 받아 지녀
그 법의 쓰임새를 잘 알고 지켜야만 하느니라.

오직 부처님의 말씀에 기대어 살 일이지
잘못된 삶을 사는 세상 사람들의
헛된 말을 따르지 말지어다.

旣已出家하여 參陪淸衆이면
기 이 출 가   참 배 청 중

常念柔和善順이지
상 념 유 화 선 순

不得我慢貢高어다
부 득 아 만 공 고

大者 爲兄하고
대 자 위 형

小者 爲弟하라
소 자 위 제

儻有諍者이면
당 유 쟁 자

兩說和合하여 但以慈心相向이지
양 설 화 합   단 이 자 심 상 향

不得惡語傷人이어다
부 득 악 어 상 인

이미 출가하여
맑고 깨끗한 대중들과 함께 살고 있다면
늘 부드러운 마음으로
대중들의 뜻을 잘 따라야지
내가 잘났다는 마음을 내어서는 안 되느니라.

나보다 나이 든 사람은 형님으로 섬기고
어린 사람은 친아우처럼 여겨야 하느니라.

만일 다투는 이들이 있다면
두 사람의 처지를 잘 다독거려
자비로운 마음으로 해결할 일이지
거친 말로 이들을 다치게 하지 말지어다.

若也欺凌同伴하며 論說是非하면
약 야 기 릉 동 반 논 설 시 비

如此出家 全無利益이니라
여 차 출 가 전 무 이 익

財色之禍는 甚於毒蛇이니
재 색 지 화 심 어 독 사

省己知非하여 常須遠離어다
성 기 지 비 상 수 원 리

無緣事則
무 연 사 즉

不得入他房院하며
부 득 입 타 방 원

當屏處에
당 병 처

不得強知他事어다
부 득 강 지 타 사

같이 사는 도반들을
속이고 능멸하며 시비를 다툰다면
이런 출가는 공부에 아무런 이익이 없느니라.

재물과 이성에게서 오는 화근은
독사의 피해보다 더 심한 것이니
자신을 살피고 그 그릇됨을 알아
모름지기 이들을 늘 멀리해야 하느니라.

특별한 일이 없다면
남의 방에 들어가지 말 것이며

남모르는 곳에 숨어
억지로 남의 일을
알려고 해서도 아니 되느니라.

非六日이어든 不得洗浣內衣하며
비 육 일　　부 득 세 완 내 의

臨盥漱에 不得高聲涕唾어다
임 관 수　부 득 고 성 체 타

行益次 不得搪突越序하고
행 익 차 부 득 당 돌 월 서

經行次 不得開襟掉臂하며
경 행 차 부 득 개 금 도 비

言談次 不得高聲戲笑어다
언 담 차 부 득 고 성 희 소

非要事어든
비 요 사

不得出於門外어다
부 득 출 어 문 외

육재일이 아니거든 속옷을 빨지 말 것이며,
이 닦고 세수할 때
큰 소리로 코를 풀거나 침을 뱉지 말지어다.

대중공양을 받을 때
당돌하게 순서를 어기지 말고

길을 걸을 때는 옷깃을 풀어 헤치거나
팔을 크게 흔들지 말 것이며,

다른 사람과 이야기할 적에는
큰 소리로 웃거나 떠들어서는 안 되느니라.

중요한 일이 아니거든
절 문밖을 나가지 말지어다.

有病人이면 須慈心守護하고
유병인 　 수자심수호

見賓客이면 須欣然迎接하며
견빈객 　 수흔연영접

逢尊長이면 須肅恭迴避어다
봉존장 　 수숙공회피

辦道具에 須儉約知足이어다
판도구 　 수검약지족

齋食時 飮啜不得作聲이어다
재식시 음철부득작성

執放에 要須安詳하되
집방 　 요수안상

不得擧顔顧視하고
부득거안고시

不得欣厭精麤어다
부득흔염정추

아픈 이가 있거든 자비로운 마음으로 보살펴야
하고, 손님을 대하거든 기쁜 마음으로 맞이해야
하며, 웃어른을 만나거든 옆길로 공손하게 비켜
나야 하느니라.

살림살이를 장만할 때 모름지기 근검절약하여
주어진 삶에 만족할 줄 알아야 하느니라.

공양할 때 소리 내면서 먹지 말지어다.

그릇이나 수저를 쥐었다 놓을 적에
그 움직임을 주시하여 천천히 손을 놀리되
얼굴을 들어 두리번거리지 말 것이며
음식의 맛을 가려
좋아하거나 싫어하는 마음을 내지 말지어다.

須黙無言說하되 須防護雜念하고
수 묵 무 언 설　　　수 방 호 잡 념

須知受食
수 지 수 식

但療形枯 爲成道業하며
단 료 형 고 위 성 도 업

須念般若心經하되
수 념 반 야 심 경

觀三輪清淨하여 不違道用이어다
관 삼 륜 청 정　　　불 위 도 용

赴焚修에 須早暮勤行하여 自責懈怠하고
부 분 수　　수 조 모 근 행　　　자 책 해 태

知眾行次 不得雜亂이어다
지 중 행 차 부 득 잡 란

공양할 때 모름지기 말이 없되
먹는 데 집중하여 다른 생각을 하지 말아야 하고

공양을 받는 까닭은 이 몸을 건강하게 하여,
오직 도업을 이루고자 하는 것임을 잘 알아야만
하며,
모름지기 늘 반야심경을 외우면서 시주하는 사
람, 받는 사람, 오가는 공양물에 그 바탕이 맑고
깨끗함을 보아 도 닦는 마음에 어긋나지 말아야
하느니라.

향을 사르고 예불함에 아침저녁으로 부지런히
하여 스스로 게으르지 않게 다짐하고

대중들과 함께 움직일 때는, 자기의 차례를 알아
어지럽게 소란을 피워서는 아니 되느니라.

讚唄祝願에
찬 패 축 원

須誦文觀義이지 不得但隨音聲이요
수 송 문 관 의   부 득 단 수 음 성

不得韻曲不調이며
부 득 운 곡 부 조

瞻敬尊顔이지 不得攀緣異境이어다
첨 경 존 안   부 득 반 연 이 경

부처님을 찬탄하고 축원할 때
반드시 글을 외워 드러나는 뜻을 보아야지
목소리만 크게 높이지 말 것이요
소리와 곡조도 다른 대중들과 조화롭게 잘 어우
러지게 하며, 부처님의 얼굴을 경건하게 바라보
아야지, 딴생각을 일으켜서는 아니 되느니라.

須知 自身罪障 猶如山海하고
수지 자신 죄장 유여산해

須知 理懺事懺 可以消除니라
수지 이참 사참 가이소제

深觀
심관

能禮所禮 皆從眞性緣起요
능례 소례 개종 진성 연기

深信
심신

感應不虛 影響相從이어다
감응불허 영향상종

居衆寮에 須相讓不爭하며
거중료 수상양부쟁

須互相扶護하되 愼諍論勝負하라
수호상부호 신쟁론승부

모름지기 자신의 죄와 업장이 산처럼 바다처럼 많음을 알고, 이 죄와 업장을 몸과 마음을 다해 참회하여 없애야 할 것임을 잘 알아야 하느니라.

절을 하는 나와 절을 받는 부처님이 모두 참 성품의 인연에서 일어나는 일인 줄 깊이깊이 보아야만 할 것이요
헛되지 않은 부처님의 가피가 몸의 그림자나 계곡의 메아리처럼 언제나 곁에 있음을 또한 깊이 믿어야만 하느니라.

대중들이 모여 사는 방에서는 서로 양보하고 살되 다투지 말아야 하며
대중들은 서로 돕고 보호하되 서로 이기니 지니하는 다툼은 삼가야만 하느니라.

愼聚頭閒話하고
신 취 두 한 화

愼誤著他鞋하며 愼坐臥越次하라
신 오 착 타 혜　　신 좌 와 월 차

對客言談에
대 객 언 담

不得揚於家醜하며 但讚院門佛事하라
부 득 양 어 가 추　　단 찬 원 문 불 사

不得詣庫房에
부 득 예 고 방

見聞雜事하고 自生疑惑이어다
견 문 잡 사　　자 생 의 혹

非要事어든 不得遊州獵縣 與俗交通
비 요 사　　부 득 유 주 렵 현　여 속 교 통

令他憎嫉케하여 失自道情이어다
영 타 증 질　　실 자 도 정

32

하는 일이 없이 모여 앉아 잡담하는 일이 없어야 하고, 다른 사람의 신발을 잘못 신는 일도 없어야 하며, 대중들이 앉고 누어야 할 자리를 내 마음 내키는 대로 차지하는 일도 삼가야만 하느니라.

손님을 맞이하여 이야기할 때 집안의 추한 일을 들추지 말 것이며, 다만 절집 안의 좋은 부처님 일만 찬탄해야 하느니라.

살림살이하는 곳간에 나아가
이런저런 일을 보고 듣고 하여
자기 혼자 쓸데없는 의혹을 일으키지 말지어다.

아주 중요한 일이 아니거든 이 마을 저 마을 다니면서 속인들과 사귀어 다른 사람의 미움이나 질투를 불러일으켜 자신의 도 닦는 마음을 잃게 해서는 아니 되느니라.

儻有要事 出行이어든
당 유 요 사 출 행

告住持人 及管衆者하여 令知去處케하라
고 주 지 인 급 관 중 자　　영 지 거 처

若入俗家이어든 切須堅持正念으로써
약 입 속 가　　절 수 견 지 정 념

愼勿見色聞聲 流蕩邪心이어다
신 물 견 색 문 성 유 탕 사 심

又況 披襟戲笑하며 亂說雜事하고
우 황 피 금 희 소　　난 설 잡 사

非時 酒食으로
비 시 주 식

妄作無礙之行하여 深乖佛戒리오
망 작 무 애 지 행　　심 괴 불 계

又處賢善人 嫌疑之間이면
우 처 현 선 인 혐 의 지 간

豈爲有智慧人也리오
기 위 유 지 혜 인 야

중요한 일이 있어 마을에 가게 되거든
주지 스님과 대중을 관리하는 스님에게
자신이 가는 곳을 알게 해야 하느니라.

마을 집에 들어가거든 올바른 생각을 굳게 지님
으로써, 세상살이를 보고 들으면서 삿된 마음에
빠져드는 일이 없어야만 하느니라.

그런데 하물며 옷깃을 풀어 헤치고 천하게 웃어
대며 쓸데없는 일들을 어지럽게 이야기하고,
아무 때나 좋지 않은 술과 음식으로 거침없이
보기 흉한 짓을 하여 부처님의 아름다운 삶을
심하게 망가트릴 수 있겠느냐.

또 이런 짓을 저질러 어질고 착한 사람들이 싫어
하고 의심하게 만든다면
어찌 슬기로운 사람이라 할 수 있겠느냐.

住社堂에 愼沙彌同行하고
주 사 당 신 사 미 동 행

愼人事往還하며 愼見他好惡하라
신 인 사 왕 환 신 견 타 호 오

愼貪求文字하며
신 탐 구 문 자

愼睡眠過度하고 愼散亂攀緣하라
신 수 면 과 도 신 산 란 반 연

若遇宗師 陞座說法이어든 切不得
약 우 종 사 승 좌 설 법 절 부 득

於法에 作懸崖想하여 生退屈心이요
어 법 작 현 애 상 생 퇴 굴 심

或作慣聞想하여 生容易心이니
혹 작 관 문 상 생 용 이 심

當須虛懷聞之하면 必有機發之時리라
당 수 허 회 문 지 필 유 기 발 지 시

36

대중과 같이 공부하는 처소에서 철이 없는 사미
와 함께 있는 일은 삼가야 하고, 다른 사람의 일
로 쓸데없이 왔다 갔다 하는 것도 삼가야 하며,
나 아닌 다른 이의 좋고 나쁜 점을 가려보는 일
도 삼가야 하느니라.

지나치게 글만 보려는 행동도 삼가야 하고
잠을 너무 많이 자는 것도 삼가야 하며
어지러운 마음으로 쓸데없는 인연을 만드는 일
도 삼가야만 하느니라.

큰스님이 설법하시거든 너무 어려운 법이라고
생각하여 도에서 물러나고자 하는 마음을 절대
로 내서는 아니 될 것이요

늘 듣는 법이라는 안일한 생각으로 법을 너무
쉽게 생각하는 마음이 생겨나서도 아니 될지니
법문하는 자리에서 마음을 비우고 열심히 법을
듣다 보면 언젠가는 반드시 참 깨달음이 올 때가
있으리라.

不得隨學語者하여 但取口辦이니 所謂
부 득 수 학 어 자 단 취 구 판 소 위

蛇飮水成毒이요 牛飮水成乳이며
사 음 수 성 독 우 음 수 성 유

智學成菩提요 愚學成生死라함이
지 학 성 보 리 우 학 성 생 사

是也라
시 야

又 不得 於主法人에 生輕薄想이어다
우 부 득 어 주 법 인 생 경 박 상

因之 於道에 有障이어 不能進修하리니
인 지 어 도 유 장 불 능 진 수

切須愼之어다
절 수 신 지

論云하되 如人夜行
논 운 여 인 야 행

罪人執炬當路에 若以人惡故로
죄 인 집 거 당 로 약 이 인 오 고

不受光明하면 墮坑落塹去矣리라
불 수 광 명 타 갱 낙 참 거 의

38

말만 배우는 이들을 따라 입만 놀리지 말지니, 이른바 "독사가 마신 물은 독이 될 것이요, 소가 마신 물은 우유가 될 것이며, 슬기로운 배움은 바른 깨달음을 이룰 것이요, 어리석은 배움은 괴로운 생사가 될 것이다."라고 말한 것이 바로 이 뜻이니라.

또 법을 가르치는 법사 스님을 함부로 업신여기지 말지어다. 이것이 도의 걸림돌이 되어 공부에 진전이 없을 것이니, 부디 모름지기 삼가고 삼갈지어다.

이를 논에서는 "어떤 사람이 어두운 밤길을 갈 때 죄인이 횃불을 들고 길을 밝힌다고 하여, 그 불빛을 뿌리치고 의지하지 않는다면 깊고 험한 구덩이에 떨어지게 될 것이다."라고 말하고 있느니라.

聞法之次에 如履薄冰하듯
문 법 지 차 여 리 박 빙

必須側耳目而聽玄音하고
필 수 측 이 목 이 청 현 음

肅情塵而賞幽致어다
숙 정 진 이 상 유 치

下堂後 黙坐觀之하되
하 당 후 묵 좌 관 지

如有所疑어든 博問先覺이어다
여 유 소 의 박 문 선 각

夕惕朝詢하여 不濫絲髮이니
석 척 조 순 불 람 사 발

如是 乃可能生正信이어야
여 시 내 가 능 생 정 신

以道爲懷者歟이니라
이 도 위 회 자 여

40

법문을 들을 때는 살얼음을 밟듯 조심스럽게 눈과 귀를 기울여서 깊은 뜻을 새겨들어야 할 것이요, 어지러운 마음을 차분히 가라앉혀 그윽한 이치를 즐겨야만 할 것이니라.

법문을 들은 뒤에 가만히 앉아 정진하며 그 뜻을 새겨 보되 의심이 나는 데가 있거든, 먼저 깨친 이를 찾아 그 뜻을 알 때까지 물어보아야만 하느니라.

저녁 늦도록 법문의 뜻을 새기고 새기다가 의심이 풀리지 않거든, 아침에 선지식을 찾아 그 뜻을 물어 실오라기 털끝만치라도 의문이 남아 있게 해서는 아니 되니, 이와 같은 바른 믿음을 낼 수 있어야 도를 품은 사람이라 할 수 있느니라.

無始習熟 愛欲恚癡란
무시습숙 애욕에치

纏綿意地이어 暫伏還起 如隔日瘧하니
전면의지 잠복환기 여격일학

一切時中에
일체시중

直須用加行方便智慧之力하여
직수용가행방편지혜지력

痛自遮護인데
통자차호

豈可閒謾遊談無根 虛喪天日
기가한만유담무근 허상천일

欲冀心宗而求出路哉이리오
욕기심종이구출로재

但堅志節 責躬匪懈하여
단견지절 책궁비해

知非遷善 改悔調柔이니
지비천선 개회조유

勤修하면 而觀力轉深하고
근수 이관력전심

鍊磨하면 而行門益淨하리라
연마 이행문익정

42

아주 오랫동안 세세생생 몸에 배어있는 애욕과 성냄과 어리석음이란 마음속 깊은 곳에 똘똘 얽혀 있어 없는 듯 숨어있다 일어나는 것이 마치 하루걸러 일어나는 학질과도 같으니, 오가며 앉고 눕는 모든 삶 속에서 현명한 지혜와 방편으로 부지런히 이들 번뇌가 일어나지 않도록 해야 할 것인데, 한가로이 앉아 부질없는 이야기로 헛되이 세월을 보낸다면, 이를 어찌 마음을 깨달아서 중생의 생사를 벗어나려 하는 것이라 할 수 있겠느냐.

오로지 뜻을 굳게 하여 자신을 잘 챙기면서 게으름 없이 나의 잘못을 바로 알고 고쳐 부드러운 마음을 지닐 뿐이니, 이처럼 부지런히 닦고 연마해 나간다면 경계를 살피는 힘은 더욱 깊어지고 수행의 길은 더욱 맑아지리라.

長起難遭之想하면
장 기 난 조 지 상

道業恒新이요
도 업 항 신

常懷慶幸之心하면
상 회 경 행 지 심

終不退轉하리라
종 불 퇴 전

如是 久久하면
여 시 구 구

自然 定慧 圓明이어 見自心性이요
자 연 정 혜 원 명   견 자 심 성

用如幻悲智로 還度衆生하여
용 여 환 비 지   환 도 중 생

作人天大福田하리니
작 인 천 대 복 전

切須勉之어다
절 수 면 지

부처님의 법을 만나기 어렵다는 이 생각을 늘
잊지 않고 산다면 도 닦는 일은 언제나 새로운
일이요
늘 불법으로 축복받아 다행이라는 감사한 마음
을 지니고 산다면 끝내 공부에서 물러나는 일은
없으리라.

이처럼 오래오래 공부해 나간다면 저절로 선정
과 지혜가 오롯해지며 내 마음의 참 성품을 볼
것이요
환幻 같은 지혜와 자비로써 중생들을 제도하여
하늘과 인간의 큰 복전이 되리니

이 글을 깊이 마음에 아로새겨
부디 부지런히 노력하고 또 노력할지어다.

제 2 장

발심수행장

發心修行章

發心修行章
발 심 수 행 장

夫諸佛諸佛이 莊嚴寂滅宮은
부 제 불 제 불 　 장 엄 적 멸 궁

於多劫海에 捨欲苦行일새요
어 다 겁 해 　 사 욕 고 행

衆生衆生이 輪迴火宅門은
중 생 중 생 　 윤 회 화 택 문

於無量世에 貪慾不捨일새니라
어 무 량 세 　 탐 욕 불 사

無防天堂에 少往至者
무 방 천 당 　 소 왕 지 자

三毒煩惱를 爲自家財요
삼 독 번 뇌 　 위 자 가 재

無誘惡道에 多往入者
무 유 악 도 　 다 왕 입 자

四蛇五欲을 爲妄心寶이니라
사 사 오 욕 　 위 망 심 보

48

마음 닦는 수행이란

모든 부처님 부처님께서 아름다운 세상을 활짝
펴 보이신 것은, 오랜 세월 욕심을 버리고 뼈를
깎는 듯한 고행을 하셨기 때문이요

모든 중생 중생이 불에 타는 듯 온갖 고통 속에
윤회하는 것은, 헤아릴 수 없이 많은 세월 속에
서 헛된 욕심을 버리지 못했기 때문이다.

막는 이 없는 하늘나라에 들어가는 사람들이 적
은 것은, 욕심과 성냄과 어리석음으로 자신의 재
물을 삼았기 때문이요

청하지 않은 험하고 나쁜 세상에 온갖 사람이
많이 들어가는 것은, 허망한 몸과 세속의 욕망으
로 헛된 마음의 보물을 삼았기 때문이다.

人誰不欲 歸山修道리오마는
인 수 불 욕 귀 산 수 도

而爲不進은 愛欲所纏일새니라
이 위 부 진 애 욕 소 전

然而不歸山藪修心이더라도
연 이 불 귀 산 수 수 심

隨自身力하여 不捨善行이어다
수 자 신 력 불 사 선 행

自樂能捨하면 信敬如聖이요
자 락 능 사 신 경 여 성

難行能行하면 尊重如佛하리라
난 행 능 행 존 중 여 불

慳貪於物은 是魔眷屬이요
간 탐 어 물 시 마 권 속

慈悲布施는 是法王子니라
자 비 보 시 시 법 왕 자

이들 가운데 그 누구인들 산에 들어가서
도 닦을 마음이 없겠는가마는, 그리하지 못하는
것은 애욕에 얽매여 있기 때문이다.

그러나 산으로 돌아가서 마음을 닦지는 못하더
라도, 제 힘껏 노력하여 착한 마음을 버리지 말
아야 하느니라.

스스로 세상 즐거움을 버릴 수만 있다면 다른
사람이 믿고 존경하는 것이 성인과 같을 것이요,
남이 하지 못하는 어려운 수행을 해낼 수만 있다
면 다른 사람에게 존중받는 것이 부처님과 같을
것이다.

인색하고 재물에 욕심내는 사람은 마구니 권속
이요, 자비로운 마음으로 보시하는 사람은 큰 법
의 왕자이다.

高嶽峨巖은 智人 所居요
고 악 아 암 　 지 인 소 거

碧松深谷은 行者 所棲니라
벽 송 심 곡 　 행 자 소 서

飢餐木果로 慰其飢腸이요
기 찬 목 과 　 위 기 기 장

渴飮流水로 息其渴情하리라
갈 음 유 수 　 식 기 갈 정

喫甘愛養하여도 此身定壞하며
끽 감 애 양 　 차 신 정 괴

著柔守護하여도 命必有終하리라
착 유 수 호 　 명 필 유 종

助響巖穴로 爲念佛堂하고
조 향 암 혈 　 위 염 불 당

哀鳴鴨鳥로 爲歡心友하리라
애 명 압 조 　 위 환 심 우

높은 산 큰 바위는 슬기로운 사람이 머물 곳이요 푸른 솔 깊은 골짜기는 눈 푸른 수행자가 살 곳이다.

배가 고프면 나무 열매로 굶주린 창자를 위로할 것이요, 목이 마르면 냇가에 흐르는 물로 갈증을 멈추리라.

맛있는 음식으로 아끼고 보살펴도 이 몸뚱이는 언젠가 반드시 무너질 것이며, 부드러운 옷으로 이 몸을 둘둘 감싸 치장하더라도 이 목숨은 언젠가 반드시 끝날 날이 있으리라.

소리가 울리는 바위굴을 염불하는 법당으로 삼고, 구슬피 우는 기러기 떼로 마음을 기쁘게 해 주는 벗으로 삼으리라.

拜膝如冰이라도 無戀火心이요
배 슬 여 빙　　　무 연 화 심

餓腸如切이라도 無求食念하리라
아 장 여 절　　　무 구 식 념

忽至百年이어늘 云何不學이며
홀 지 백 년　　　운 하 불 학

一生幾何라고 不修放逸이오
일 생 기 하　　　불 수 방 일

절하는 무릎이 얼음처럼 차가워도
따뜻한 불을 찾으려는 마음이 없을 것이요,
굶주린 창자가 뒤틀려 끊어질듯 하더라도
맛있는 음식을 일부러 찾지는 않으리라.

잠깐 사이에 백 년이 되거늘 어찌 배우지 아니하
며, 인생이 얼마나 되기에 쓸데없이 게으름만 피
우느냐.

離心中愛 是名沙門이라하고
이 심 중 애 시 명 사 문

不戀世俗 是名出家라하니라
불 연 세 속 시 명 출 가

行者羅網은 狗被象皮요
행 자 나 망 구 피 상 피

道人戀懷는 蝟入鼠宮이니라
도 인 연 회 위 입 서 궁

마음속의 애욕을 떠난 사람, 이를 일러 '스님'이
라 하고, 세속의 삶을 그리워하지 않는 것, 이를
일러 '출가'라고 한다.

수행자로서 비단옷을 입는 것은 개가 코끼리
가죽을 쓰는 것이요, 도 닦는 사람이 연정을 품
는 것은 고슴도치가 쥐구멍에 들어가는 것과도
같다.

雖有才智라도 居邑家者면
수 유 재 지　　　 거 읍 가 자

諸佛은 是人에 生悲憂心하며
제 불　 시 인　 생 비 우 심

設無道行이더라도 住山室者면
설 무 도 행　　　　주 산 실 자

衆聖은 是人에 生歡喜心하니라
중 성　 시 인　 생 환 희 심

雖有才學이더라도 無戒行者면 如寶所導
수 유 재 학　　　　무 계 행 자　 여 보 소 도

라도 而不起行이요 雖有勤行이나 無智慧
　　 이 불 기 행　　 수 유 근 행　　 무 지 혜

者면 欲往東方하나 而向西行이니라
자　 욕 왕 동 방　　 이 향 서 행

有智人所行은 蒸米作飯이요
유 지 인 소 행　 증 미 작 반

無智人所行은 蒸沙作飯이니라
무 지 인 소 행　 증 사 작 반

58

공부할 지혜가 있더라도 마을 사람과 섞여 살면 모든 부처님께서는 그를 걱정하고 가엾어 하며, 설사 도를 닦는 행이 없더라도 푸른 숲 깊은 산 속에만 살면 뭇 성인들은 그에게 기쁜 마음을 낸다.

재주와 배움이 있더라도 아름다운 행이 없는 사람이라면, 보물이 있는 곳으로 안내하여도 따라가지 않는 것과 같을 것이요, 부지런하지만 지혜가 없는 사람이라면 동쪽으로 가고자 하나 서쪽으로 가는 것과 같다.

슬기로운 이가 행하는 것은 쌀을 쪄 밥을 만드는 것이요, 슬기롭지 못한 이가 행하는 것은 모래를 쪄 밥을 만드는 것과 같으니라.

共知喫食하고 而慰飢腸해도
공 지 끽 식   이 위 기 장

不知學法하여 而改癡心이로다
부 지 학 법   이 개 치 심

行智具備는 如車二輪이요
행 지 구 비   여 거 이 륜

自利利他는 如鳥兩翼이니라
자 리 이 타   여 조 량 익

得粥祝願하나
득 죽 축 원

不解其意라면
불 해 기 의

亦不檀越에 應羞恥乎아
역 부 단 월   응 수 치 호

得食唱唄하나 不達其趣라면
득 식 창 패   부 달 기 취

亦不賢聖에 應慚愧乎아
역 불 현 성   응 참 괴 호

사람들은 모두 밥을 먹고 굶주린 창자를 위할 줄은 알아도, 부처님의 법을 배워 어리석은 마음을 고칠 줄 모르는구나.

지혜와 행, 이 둘을 갖춤은 길을 굴러가는 수레의 두 바퀴와 같고,
자기를 이롭게 하면서 남도 이롭게 하는 것은 허공을 나는 새의 두 날개와도 같도다.

죽을 받고 축원하나 그 참뜻을 알지 못한다면 이 또한 단월의 정성에 부끄러운 일이 아니겠느냐.

공양을 받고 염불하지만, 그 깊은 이치를 알지 못한다면 이 또한 성현에게 부끄러운 일이 아니겠느냐.

人惡尾蟲 不辨淨穢하듯
인 오 미 충 불 변 정 예

聖憎沙門 不辨淨穢하니라
성 증 사 문 불 변 정 예

棄世間喧하고
기 세 간 훤

乘空天上에 戒爲善梯니라
승 공 천 상 계 위 선 제

是故로 破戒하며 爲他福田은
시 고 파 계 위 타 복 전

如折翼鳥 負龜翔空인데
여 절 익 조 부 구 상 공

自罪未脫하고는 他罪도 不贖이니라
자 죄 미 탈 타 죄 불 속

然이어니 豈無戒行 受他供給이리오
연 기 무 계 행 수 타 공 급

62

사람들이 깨끗하고 더러운 것을 가리지 않는
구더기를 싫어하듯 성현들은 깨끗하고 더러운
일을 가리지 못하는 수행자를 싫어한다.

시끄러운 세간의 일을 떠나 허공을 타고 하늘에
올라가는 데는 아름다운 삶인 부처님의 계가
좋은 사다리가 되느니라.

이 때문에 아름답게 살지도 못하면서 남의 복전
이 되는 것은, 날개 부러진 새가 무거운 거북이
를 등에 업고 높은 하늘을 나는 것과 같은데, 자
신의 죄에서 아직 벗어나지 못하고서는 어찌 남
의 죄를 풀어 줄 수 있겠느냐.

그러니 아름다운 계를 지키는 삶도 없이
어찌 남의 시주를 함부로 받아들일 수 있겠는가.

無行空身이야 養無利益이요
무 행 공 신   양 무 이 익

無常浮命이야 愛惜不保니라
무 상 부 명   애 석 불 보

望龍象德하고 能忍長苦요
망 룡 상 덕   능 인 장 고

期獅子座하며 永背欲樂이어다
기 사 자 좌   영 배 욕 락

行者 心淨이면 諸天 共讚하나
행 자 심 정   제 천 공 찬

道人 戀色하면 善神도 捨離하니라
도 인 연 색   선 신   사 리

四大忽散이어 不保久住이니
사 대 홀 산   불 보 구 주

今日夕矣라 頗行朝哉니라
금 일 석 의   파 행 조 재

64

아름다운 행이 없는 헛된 이 몸이야 아무리 잘 길러 주어도 뒷날 아무런 이익이 없을 것이요, 허망한 뜬구름 같은 목숨이야 아끼고 사랑해 주어도 언젠가는 홀연 사라질 것이니라.

부처님의 높은 덕을 바라보고 오랜 고행을 잘 참을 것이요, 사자좌에 앉을 날을 기약하며 세간의 욕심이나 즐거움을 영원히 등질지어다.

수행자의 마음이 깨끗하면 모든 하늘이 찬탄하지만, 도를 닦는 이가 여자를 그리워하면 착한 하늘신도 이들을 버리고 떠나느니라.

이 몸은 어느 날 홀연히 흩어지고 말 뿐 오래 보존될 게 아니니, 오늘도 벌써 저녁이라 시간은 어느새 내일 아침이 되는구나.

世樂 後苦인데 何貪著哉며
세 락 후 고 　 　 하 탐 착 재

一忍 長樂인데 何不修哉이리오
일 인 장 락 　 　 하 불 수 재

道人貪은 是行者 羞恥이며
도 인 탐 　 시 행 자 수 치

出家富는 是君子 所笑니라
출 가 부 　 시 군 자 소 소

遮言不盡인데 貪著不已니라
차 언 부 진 　 　 탐 착 불 이

第二無盡인데 不斷愛著이라
제 이 무 진 　 　 부 단 애 착

此事無限인데 世事不捨라
차 사 무 한 　 　 세 사 불 사

彼謀無際인데 絶心不起로다
피 모 무 제 　 　 절 심 불 기

66

세상의 즐거움은 뒷날 괴로움이 될 것인데 어찌 그것을 욕심내고 집착할 것이며, 한번 참아 내면 뒷날 영원한 즐거움이 될 것인데 어찌 이를 알고 도를 닦지 않겠는가.

도를 닦는 이가 욕심을 내는 일은 눈 푸른 수행자의 수치이며, 출가자의 재물은 세상 사람들의 웃음거리니라.

이런 말은 일일이 다 할 수도 없거늘 탐욕과 집착을 그치지 않는구나. 다음에 다음으로 미루면서 그다음이 끝이 없거늘 헛된 애착을 끊지 못하는구나.

이번 일 이번 일만 하면서 이번 일로 끝나는 것이 아닌데 세상의 허튼 일을 저버리지 못하는구나.

세상일을 도모하는 것이 한도 끝도 없거늘 쓸데없이 도모하는 그 마음을 단숨에 끊지를 못하는구나.

今日不盡인데 造惡日多하며
금 일 부 진　　조 악 일 다

明日無盡인데 作善日少로다
명 일 무 진　　작 선 일 소

今年不盡인데 無限煩惱하고
금 년 부 진　　무 한 번 뇌

來年無盡인데 不進菩提로다
내 년 무 진　　부 진 보 리

時時移移하여 速經日夜하고
시 시 이 이　　속 경 일 야

日日移移하여 速經月晦니라
일 일 이 이　　속 경 월 회

月月移移하여 忽來年至하고
월 월 이 이　　홀 래 년 지

年年移移하여 暫到死門이로다
연 년 이 이　　잠 도 사 문

68

오늘만 오늘만은 그 오늘이 다함이 없거늘 나쁜 짓은 날로 많아지며, 내일은 내일에는 그 내일이 끝이 없거늘 좋은 일은 날로 적어지는구나.

올해는 올해만은 그 올해가 다함이 없는데 끝없이 번뇌만 일으키고 내년은 내년에는 그 내년이 끝이 없거늘 행복한 깨달음으로 나아가질 않는구나.

시간은 끊임없이 흘러 금방 밤낮이 지나가고 하루하루가 끊임없이 바뀌어 빠르게 한 달 그믐이 지나가는구나.

한 달 한 달이 끊임없이 바뀌어 홀연 일 년이 되고, 한 해 한 해가 끊임없이 바뀌어 잠깐 사이 죽음의 문턱에 이르렀구나.

破車不行이듯 老人不修라
파 거 불 행 　 노 인 불 수

臥生懈怠하고 坐起亂識하니라
와 생 해 태 　 좌 기 난 식

幾生不修하고 虛過日夜하며
기 생 불 수 　 허 과 일 야

幾活空身하려 一生不修리오
기 활 공 신 　 일 생 불 수

身必有終하리니 後身何乎리오
신 필 유 종 　 후 신 하 호

莫速急乎아 莫速急乎아
막 속 급 호 　 막 속 급 호

부서진 수레가 굴러가지 못하듯 나이 든 사람도 수행하기 어려운 법, 누워서는 게으름만 생기고 앉아서는 어지러운 생각만 끊임없이 일어난다.

몇 생을 이 공부를 떠나 헛되이 밤낮을 보냈는데, 이 헛된 몸을 얼마나 더 살리려고 평생 이 공부를 하지 않고 있느냐.

이 몸은 반드시 그 끝이 있으리니 뒷날 받을 몸은 어찌하려는가.

이 일을 알고 있다면 우리의 공부가 어찌 급하고 급하지 않겠느냐.

제 **3** 장

자경문

自警文

自警文
자경문

主人公이여 聽我言하라
주인공 청아언

幾人 得道空門裏어늘
기인 득도공문리

汝何長輪苦趣中고
여하장륜고취중

汝自無始以來로 至于今生
여자무시이래 지우금생

背覺合塵하고 墮落愚癡
배각합진 타락우치

恒造衆惡하여 而入三途之苦輪하며
항조중악 이입삼도지고륜

不修諸善이어 而沈四生之業海로다
불수제선 이침사생지업해

74

도 닦으며 스스로 경책하는 글

주인공이여, 내 말을 들어라.

얼마나 많은 사람이 부처님과 아름다운 인연을
맺어 행복이 충만하고 괴로움 없는 텅 빈 마음의
세상으로 들어갔거늘, 그대는 아직도 어찌하여
괴로운 세상에서 끝없이 윤회만 되풀이하고 있
느냐.

알 수 없는 먼 옛날부터 이번 삶에 이르기까지
그대는 부처님의 세상을 떠나 잘못된 생각으로
어리석음에 떨어져 늘 나쁜 짓을 많이 하여
지옥 아귀 축생의 나쁜 길로 들어갔으며, 좋은
일은 조금도 하지를 않아 큰 고통에 빠져 있는
여러 모습의 중생계로 빠져들었느니라.

身隨六賊故로 或墮惡趣則
신 수 육 적 고 　 혹 타 악 취 즉

極辛極苦하며 心背一乘故로
극 신 극 고 　 심 배 일 승 고

或生人道則 佛前佛後로다
혹 생 인 도 즉 　 불 전 불 후

今亦幸得人身이나 正是佛後末世이니
금 역 행 득 인 신 　 정 시 불 후 말 세

嗚呼痛哉라 是誰過歟오
오 호 통 재 　 시 수 과 여

雖然이더라도 汝能反省이어
수 연 　 여 능 반 성

割愛出家하여 受持應器 着大法服이어
할 애 출 가 　 수 지 응 기 착 대 법 복

履出塵之逕路요 學無漏之妙法이라
이 출 진 지 경 로 　 학 무 루 지 묘 법

如龍得水하고 似虎靠山이어
여 룡 득 수 　 사 호 고 산

其殊妙之理는 不可勝言이로다
기 수 묘 지 리 　 불 가 승 언

몸뚱이는 보고 들리는 경계를 따랐으므로 삼악도에 떨어져 극심한 고통을 받았으며, 마음은 부처님의 마음에서 멀어졌으므로 이 세상에 태어났어도 부처님께서 이미 열반하셨거나 아직 이 세상에 출현하지 않은 때이니라.

이제 다행히도 사람의 몸을 받게 되었지만, 안타깝게도 부처님이 계시지 않는 말세이니, 아 슬프구나, 이는 누구의 허물이란 말인가.
그렇지만 이제 그대는 자신의 삶을 돌이켜 애욕을 끊고 출가하여 수행자의 생활을 선택하고 부처님의 옷을 입었으니, 번뇌를 벗어날 지름길로 접어든 것이요, 흠이 없는 오묘한 법을 배우고 있느니라.

이는 마치 용이 물을 만나고 호랑이가 산에 사는 것과 같아서, 그 뛰어난 오묘한 이치는 말로 다 표현할 수가 없느니라.

人有古今이지 法無遐邇며
인유고금　　　법무하이

人有愚智이지 道無盛衰니라
인유우지　　　도무성쇠

雖在佛時라도 不順佛教則 何益이요
수재불시　　　불순불교즉　하익

縱值末世라도 奉行佛教則 何傷이리오
종치말세　　　봉행불교즉　하상

故로 世尊께서 云하시되
고　세존　　　운

我如良醫하여 知病設藥하나 服與不服은
아여양의　　　지병설약　　　복여불복

非醫咎也며 又如善導하여 導人善道하나
비의구야　　우여선도　　　도인선도

聞而不行은 非導過也니라
문이불행　　비도과야

78

사람에게나 옛날과 지금이 있지, 법에는 멀고 가까움이 없으며, 사람에게나 어리석음과 슬기로움이 있지, 도에는 융성해지거나 쇠퇴해지는 법이 없느니라.

부처님이 계시더라도 그분 가르침을 따르지 않는다면 무슨 큰 이익이 있을 것이요
공부하기 어려운 세상이라도 부처님의 가르침을 받들고 따른다면 무슨 상심할 일이 있겠느냐.

그러므로 부처님께서 말씀하셨느니라.

"나는 어진 의사로서 중생의 병을 알고 거기에 맞는 처방을 내리지만, 그 약을 먹고 안 먹는 것은 중생에게 달렸으니 의사의 허물이 아니며, 또 훌륭한 길잡이가 길을 안내하지만 길 안내를 받고도 따라가지 않는 사람이 있다면 그것도 길잡이의 허물은 아니니라."

自利利人이 法皆具足이니
자 리 이 인 법 개 구 족

若我久住라도 更無所益이니라
약 아 구 주 갱 무 소 익

自今而後로 我諸弟子 展轉行之則
자 금 이 후 아 제 제 자 전 전 행 지 즉

如來法身은 常住而不滅也니라
여 래 법 신 상 주 이 불 멸 야

若知如是理則 但恨自不修道할뿐 何
약 지 여 시 리 즉 단 한 자 불 수 도 하

患乎末世也이리오 伏望하노니 汝須興決
환 호 말 세 야 복 망 여 수 흥 결

烈之志하여 開特達之懷로 盡捨諸緣하고
렬 지 지 개 특 달 지 회 진 사 제 연

除去顚倒하며 眞實爲生死大事하여 於
제 거 전 도 진 실 위 생 사 대 사 어

祖師公案上에 宜善參究하며 以大悟로
조 사 공 안 상 의 선 참 구 이 대 오

爲則이니 切莫自輕而退屈이어다
위 칙 절 막 자 경 이 퇴 굴

"나도 이롭고 남도 이롭게 하는 것이 올바른 법에 다 갖추어져 있으니, 내가 이 세상에 오래 머물러 있더라도 법에는 더 이익될 것이 없느니라. 그러므로 지금부터 그대들이 나의 가르침대로 살아간다면 여래의 법신은 늘 그대들 곁에 머물러 영원할 것이니라."

이런 이치를 안다면 스스로 도를 닦지 않는 자신을 원망해야 할 뿐 어찌 말세라고 엉뚱하게 살기 어려운 세상을 탓하고 근심하겠느냐. 간절히 바라니 그대들은 모름지기 굳건한 뜻을 세워 그 마음으로 쓸데없는 온갖 인연을 다 버리고 잘못된 생각을 없애야 하며, 진실로 그대들의 생사를 위하여 조사의 공안에서 잘 참구하며 큰 깨달음을 공부의 법칙으로 삼을 것이니 스스로 자신을 비하하여 공부에서 절대로 물러나는 일이 없어야 할 것이니라.

惟斯末運에 去聖時遙이어 魔强法弱하여
유 사 말 운　　거 성 시 요　　마 강 법 약

人多邪侈하니 成人者 少하고 敗人者 多하
인 다 사 치　　성 인 자 소　　패 인 자 다

며 智慧者 寡하고 愚癡者 衆하여 自不修道
　　지 혜 자 과　　우 치 자 중　　자 불 수 도

하며 亦惱他人하니 凡有障道之緣을 言之
　　역 뇌 타 인　　범 유 장 도 지 연　　언 지

不盡이로다
부 진

恐汝錯路故로 我以管見으로 撰成十門
공 여 착 로 고　　아 이 관 견　　찬 성 십 문

하여 令汝警策하노니 汝須信持하여 無一可
　　영 여 경 책　　여 수 신 지　　무 일 가

違니라
위

至禱至禱하노라
지 도 지 도

82

이 험한 세상 부처님 안 계신 세월이 오래되어 마구니는 강해지고 법은 약해져 삿되고 거만한 사람들이 많아지니, 도를 이루는 이는 적어지고 도를 이루지 못한 자는 많아지며, 슬기로운 이는 적어지고 어리석은 자는 많아져, 스스로 도를 닦지도 못하면서 또한 다른 사람을 괴롭히기도 하니, 무릇 도를 가로막는 이런 인연을 이루 다 말로 헤아릴 수가 없구나.

그대가 길을 잘못 들까 염려하여 내 좁은 소견으로 도 닦는 열 가지 길을 드러내어 그대를 경책하노니, 모름지기 그대는 이를 믿고 받아들여 한 가지도 거스르지 말아야 하느니라.

지극한 마음으로
꼭 그렇게 실천할 수 있기를 기도하겠노라.

頌曰
송 왈

愚心不學增憍慢　癡意無修長我人
우 심 불 학 증 교 만 　 치 의 무 수 장 아 인

空腹高心如餓虎　無知放逸似顚猿
공 복 고 심 여 아 호 　 무 지 방 일 사 전 원

邪言魔語肯受聽　聖敎賢章故不聞
사 언 마 어 긍 수 청 　 성 교 현 장 고 불 문

善道無因誰汝度　長淪惡趣苦纏身
선 도 무 인 수 여 도 　 장 륜 악 취 고 전 신

84

게송

미련하여 못 배우면 교만만 늘고
어리석어 못 닦으면 아상만 크네
배움 없는 자존심은 굶주린 표범
앎이 없이 먹고 놀면 미친 원숭이.

삿된 소리 마구니 말 좋아하면서
부처님의 가르침은 듣지 않으니
착한 길에 인연 없는 불쌍한 그대
나쁜 길로 깊이 빠져 고통 받으리.

其一
기 일

軟衣美食 切莫受用이어다
연 의 미 식 절 막 수 용

自從耕種 至于口身히
자 종 경 종 지 우 구 신

非徒人牛 功力多重이라
비 도 인 우 공 력 다 중

亦乃傍生 損害無窮이니라
역 내 방 생 손 해 무 궁

勞彼功而利我라도
노 피 공 이 이 아

尚不然也인데
상 불 연 야

況殺他命而活己를 奚可忍乎아
황 살 타 명 이 활 기 해 가 인 호

첫 번째 도 닦는 길은

시주하는 부드러운 옷이나 맛있는 음식을
수행 없이 함부로 받아쓰지 말아야 하느니라.

밭을 갈고 씨를 뿌려 수확한 뒤 내게 이르기까지
부드러운 옷이나 맛있는 음식에는 많은 사람의
피와 땀이 들어있을 뿐만 아니라, 생각해 보면
알게 모르게 죽어간 벌레나 짐승의 피해도 얼마
나 되는지 헤아릴 수 없을 것이다.

많은 사람의 피와 땀으로 나를 이롭게 한 것도
참으로 옳지 않은 일인데, 하물며 다른 생명을
죽여 내 몸 살리는 일을 어찌 수행자로서 차마
할 수 있겠느냐.

農夫도 每有飢寒之苦요
농부 매유기한지고

織女도 連無遮身之衣인데
직녀 연무차신지의

況我長遊手어니 飢寒 何厭心이리오
황아장유수 기한 하염심

軟衣美食은
연의미식

當恩重而損道요
당은중이손도

破納蔬食은
파납소식

必施輕而積陰이라
필시경이적음

今生에 未明心하면 滴水도 也難消니라
금생 미명심 적수 야난소

88

농부라도 늘 굶주림과 추위의 고통이 있을 것이요, 베 짜는 여인도 자신의 몸을 가릴 옷조차 없을 것인데, 하물며 일하지 않고 손을 놀리고 있는 내가, 추위와 굶주림을 싫어하는 마음을 수행자로서 어찌 낼 수 있겠느냐.

부드러운 옷이나 맛있는 음식에 들어간 그 깊은 시주의 은혜를 생각하면 가벼운 생각으로 이를 받는 일은 도 닦는 길에 장애가 될 것이요, 떨어진 옷이나 거친 음식은 시주의 은혜가 가벼울지 모르지만 고마운 마음을 지닌다면 눈에 보이지 않는 음덕을 쌓게 될 것이다.

이번 생에 마음을 밝히지 못한다면 시주받은 한 방울의 물이라도 제대로 소화해 내기 어려운 법이니라.

頌曰
송 왈

菜根木果慰飢腸　松落草衣遮色身
채 근 목 과 위 기 장　송 락 초 의 차 색 신

野鶴靑雲爲伴侶　高岑幽谷度殘年
야 학 청 운 위 반 려　고 잠 유 곡 도 잔 년

90

게송

풀뿌리와 나무 열매 음식을 삼고
솔방울과 파란 풀잎 몸을 가리며
뛰노는 학 푸른 하늘 구름 벗 삼아
높은 산중 깊은 계곡 도를 닦으리.

其二
기 이

自財不悋하고 他物莫求어다
자 재 불 린　　타 물 막 구

三途苦上에 貪業이 在初요
삼 도 고 상　　탐 업　　재 초

六度門中에 行檀이 居首니라
육 도 문 중　　행 단　　거 수

慳貪은 能防善道요
간 탐　　능 방 선 도

慈施는 必禦惡徑이니
자 시　　필 어 악 경

如有貧人 來求乞커든
여 유 빈 인 래 구 걸

雖在窮乏이라도 無悋惜이어다
수 재 궁 핍　　　무 인 석

92

두 번째 도 닦는 길은

자신의 재물을 나누는 데 인색하지 말고 다른
사람의 재물을 욕심내지 말아야 한다.

삼악도로 가는 첫째 원인은 중생들이 허튼 욕심
을 내기 때문이요, 극락정토로 가는 육바라밀에
서 으뜸가는 수행은 아낌없이 베풀고 사는 보시
니라.

재물을 베푸는 데 인색하고 욕심내는 일은 좋은
세상으로 가는 길을 막을 것이요, 자비로 베풀고
살아가는 삶은 나쁜 세상으로 가는 길을 막아
주리니, 가난한 사람이 찾아와 구걸하거든 내 생
활이 어렵더라도 인색하지 말아야 할 것이니라.

來無一物來이고 去亦空手去이니
래 무 일 물 래　　거 역 공 수 거

自財도 無戀志인데
자 재　　무 연 지

他物에 有何心이리오
타 물　　유 하 심

萬般將不去이나 唯有業隨身이니
만 반 장 불 거　　유 유 업 수 신

三日修心 千載寶요
삼 일 수 심 천 재 보

百年貪物 一朝塵이니라
백 년 탐 물 일 조 진

頌曰
송 왈

三途苦本因何起　只是多生貪愛情
삼 도 고 본 인 하 기　지 시 다 생 탐 애 정

我佛衣盂生理足　如何蓄積長無明
아 불 의 우 생 리 족　여 하 축 적 장 무 명

94

이 세상에 올 때 우리는 한 물건도 가져오지를 않았고, 이 세상을 떠날 때 또한 빈손으로 가게 되리니, 이를 알고 자신의 재물도 아끼는 마음이 없는데 다른 사람의 재물에 무슨 욕심이 있겠느냐.

그 어떤 것도 저승길에 동행하지 못하지만 오직 생전에 지은 업만은 따라가나니, 사흘 동안 닦은 마음 천 년의 보물이요, 백 년 동안 탐한 재물 하루아침에 사라지는 티끌이니라.

게송

삼악도의 괴로움은 어디서 올까
많은 생의 탐욕에서 생길 뿐이라
부처님의 가르침에 기쁘게 사니
무명초가 제멋대로 어찌 자라리.

其三
기 삼

口無多言하고 身不輕動이니라
구 무 다 언   신 불 경 동

身不輕動則 息亂成定이요
신 불 경 동 즉 식 난 성 정

口無多言則 轉愚成慧이니
구 무 다 언 즉 전 우 성 혜

實相 離言이요 眞理 非動이니라
실 상 이 언   진 리 비 동

口是禍門이니 必可嚴守하고
구 시 화 문   필 가 엄 수

身乃災本이니 不應輕動이어다
신 내 재 본   불 응 경 동

數飛之鳥는 忽有羅網之殃이요
삭 비 지 조   홀 유 나 망 지 앙

輕步之獸는 非無傷箭之禍리라
경 보 지 수   비 무 상 전 지 화

96

세 번째 도 닦는 길은

말을 적게 하고
몸을 함부로 움직이지 말아야 하느니라.

몸을 함부로 움직이지 않으면 어지러운 생각이
가라앉아 고요한 마음이 되고, 말을 적게 하면
어리석은 마음이 바뀌어 슬기로운 마음이 되니,
참된 바탕은 모든 말을 떠난 것이요
참된 이치는 움직이는 것이 아니니라.

입은 불행의 문이니 반드시 엄하게 지켜야만 하
고, 몸은 재앙의 근본이니 가볍게 움직여서는 아
니 되느니라. 경망스럽게 자주 움직이는 새는 어
느 날 홀연 사냥꾼의 그물에 걸릴 것이요, 함부
로 가볍게 떠도는 짐승은 사냥꾼의 화살에 맞는
재앙을 당할 것이니라.

故로 世尊께서 住雪山하며 六年 坐不動하고
고 세존 주설산 육년 좌부동

達磨는 居少林에 九歲 黙無言하니
달마 거소림 구세 묵무언

後來參禪者 何不依古蹤이리오
후래참선자 하불의고종

頌曰
송 왈

身心把定元無動   黙坐茅庵絶往來
신심파정원무동   묵좌모암절왕래

寂寂寥寥無一事   但看心佛自歸依
적적요요무일사   단간심불자귀의

98

그러므로 세존께서 설산에 머물며 육 년을 앉아 움직이지 않으셨고, 달마 대사는 숭산 소림굴에서 묵묵히 앉아 구 년을 계셨으니, 뒷날 참선하는 사람들이 어찌 이 옛 어른들의 자취를 본보기로 삼아 공부하지 않겠느냐.

게송

몸과 마음 고요하여 흔들림 없고
침묵 속에 띠집 토굴 앉아 있으니
번거로운 일이 없어 텅 빈 충만 뿐
마음속의 부처님만 마주한다네.

其四
기 사

但親善友요 莫結邪朋이어다
단 친 선 우 막 결 사 붕

鳥之將息에 必擇其林이듯
조 지 장 식 필 택 기 림

人之求學에 乃選師友이니
인 지 구 학 내 선 사 우

擇林木則 其止也 安하고
택 림 목 즉 기 지 야 안

選師友則 其學也 高이니라
선 사 우 즉 기 학 야 고

故로 承事善友 如父母요
고 승 사 선 우 여 부 모

遠離惡友 似寃家니라
원 리 악 우 사 원 가

鶴無烏朋之計인데 鵬豈鷦友之謀리오
학 무 오 붕 지 계 붕 기 초 우 지 모

100

네 번째 도 닦는 길은

오직 좋은 도반만 가까이할 뿐이요
나쁜 친구는 사귀지 말아야 하느니라.

새가 쉬고자 할 때 반드시 숲과 나무를 골라서
앉듯, 사람이 배움을 구할 때도 좋은 스승과 도
반을 선택해야 하니, 숲과 나무를 잘 선택하면
새가 쉬는 일이 편안하고, 스승과 도반을 잘 선
택하면 사람의 배움이 높아질 것이니라.

그러므로 좋은 도반은 부모처럼 받들어 섬겨야
할 것이요,
나쁜 친구는 원수처럼 멀리해야 하느니라.

흰 두루미도 까마귀를 벗 삼지 않는데
붕새가 어찌 뱁새를 벗 삼으려 하겠느냐.

松裏之葛은 直聳千尋하나
송 리 지 갈 직 용 천 심

茅中之木은 未免三尺하니
모 중 지 목 미 면 삼 척

無良小輩는 頻頻脫이요
무 량 소 배 빈 빈 탈

得意高流는 數數親이어다
득 의 고 류 삭 삭 친

頌曰
송 왈

住止經行須善友　身心決擇去荊塵
주 지 경 행 수 선 우　신 심 결 택 거 형 진

荊塵掃盡通前路　寸步不離透祖關
형 진 소 진 통 전 로　촌 보 불 리 투 조 관

102

높이 솟은 소나무를 휘감은 칡넝쿨은 하늘 높이
쑥쑥 올라가지만, 낮은 풀더미 속에 엉킨 나무는
그 높이가 석 자를 넘지 못하니,

어질지 못한 소인배는 늘 멀리해야 할 것이요
뜻이 높은 사람들과는 자주 어울려야 하느니라.

게송

어느 때나 좋은 도반 곁에 살면서
몸과 마음 잘 다스려 번뇌 없으면
삿된 생각 사라지고 앞길이 뚫려
그 자리서 조사 관문 뚫게 되리라.

其五
기 오

除三更外 不許睡眠이어다
제 삼 경 외 불 허 수 면

曠劫障道는 睡魔莫大니
광 겁 장 도 수 마 막 대

二六時中 惺惺起疑而不昧하며
이 륙 시 중 성 성 기 의 이 불 매

四威儀內 密密廻光而自看이니
사 위 의 내 밀 밀 회 광 이 자 간

一生을 空過하면 萬劫에 追恨이니라
일 생 공 과 만 겁 추 한

無常은 刹那라 乃日日而警怖요
무 상 찰 나 내 일 일 이 경 포

人命은 須臾라 實時時而不保이니
인 명 수 유 실 시 시 이 불 보

若未透祖關이면 如何安睡眠이리오
약 미 투 조 관 여 하 안 수 면

다섯 번째 도 닦는 길은

잠잘 시간 외에는 자지 말아야 하느니라.

세세생생 오랜 세월 도의 걸림돌이 되는 것은 잠자는 마구니보다 더한 것이 없으니, 온종일 깨어있는 마음으로 화두를 의심하고 졸지 말아야 할 것이다. 오가며 앉고 눕는 삶 속에서 끊임없이 지혜 광명을 돌이켜 스스로가 마음의 근본 바탕을 보아야 할 것이니 일생을 헛되이 보낸다면 만겁에 한이 될 것이니라.

변해가는 것은 찰나요 순간이라 하루하루가 놀랍고도 두려운 날들이요, 사람의 목숨은 잠깐 사이라 실로 목숨을 잠시도 그대로 보존할 수 없으니, 아직 조사의 관문을 뚫지 못했다면 어찌 편안하게 잠만 잘 수 있겠느냐.

頌曰
송 왈

睡蛇雲籠心月暗　行人到此盡迷程
수 사 운 롱 심 월 암　행 인 도 차 진 미 정

箇中拈起吹毛利　雲自無形月自明
개 중 념 기 취 모 리　운 자 무 형 월 자 명

게송

많은 잠이 큰 지혜를 어둡게 하니
이 경계에 수행자들 길을 잃지만
정신 차려 화두 들고 한 소식하면
먹장구름 사라진 곳 둥근 보름달.

其六
기 육

切莫妄自尊大_{하여} 輕慢他人_{이어다}
절 막 망 자 존 대 경 만 타 인

修仁得仁_은 謙讓 爲本_{이요}
수 인 득 인 겸 양 위 본

親友和友_는 敬信 爲宗_{이니라}
친 우 화 우 경 신 위 종

四相山_이 漸高_{하면} 三途海 益深_{하리니}
사 상 산 점 고 삼 도 해 익 심

外現威儀_는 如尊貴_나
외 현 위 의 여 존 귀

內無所得_은 似朽舟_{니라}
내 무 소 득 사 후 주

여섯 번째 도 닦는 길은

헛되이 자신만을 높이고 다른 사람을 가볍게 여
겨 잘난 체를 하지 말아야만 하느니라.

어진 마음을 닦아 얻는 길은 겸손하고 사양하는
마음이 근본이요, 도반과 가까이 어울리는 길은
믿고 공경하는 마음이 으뜸이니라.

태산처럼 나 잘났다는 마음이 높아지면
삼악도의 온갖 고통은 더욱 깊어지리니,
드러난 겉모습이 존귀한 듯 보이지만
얻을 것이 없어 구멍 뚫린 배와 같구나.

官益大者 心益小이며
관 익 대 자 심 익 소

道益高者 意益卑이니라
도 익 고 자 의 익 비

人我山崩處에 無爲道自成이니
인 아 산 붕 처 무 위 도 자 성

凡有下心者 萬福自歸依니라
범 유 하 심 자 만 복 자 귀 의

頌曰
송 왈

憍慢塵中藏般若　　我人山上長無明
교 만 진 중 장 반 야 　 아 인 산 상 장 무 명

輕他不學躘踵老　　病臥辛吟恨不窮
경 타 불 학 용 종 로 　 병 와 신 음 한 불 궁

110

벼슬이 올라 높아지면 높아질수록
마음은 낮추어 더 자상하게 써야 하며
도를 이루어 높아지면 높아질수록
쓰는 마음은 더 낮추어야 하느니라.

나 잘났다 그 생각이 사라진 곳에
부처님 삶 절로 절로 이루어지니
마음을 낮추어서 사는 사람은
온갖 복이 절로 절로 찾아오리라.

게송

교만함이 슬기로움 덮어 버리고
잘났다는 그 마음에 무명만 키워
콧대 커서 배움 없이 늙어 버리니
아파 누워 신음소리 끝이 없구려.

其七
기 칠

見財色이면 必須正念으로 對之어다
견 재 색 필 수 정 념 대 지

害身之機는 無過女色이요
해 신 지 기 무 과 여 색

喪道之本은 莫及貨財니라
상 도 지 본 막 급 화 재

是故로 佛垂戒律하여 嚴禁財色하되
시 고 불 수 계 율 엄 금 재 색

眼覩女色이면
안 도 여 색

如見虎蛇하고
여 견 호 사

身臨金玉이면 等視木石이라하시니라
신 임 금 옥 등 시 목 석

일곱 번째 도 닦는 길은

재물과 여자를 보면 모름지기
올바른 생각으로 마주해야 하느니라.

몸을 해치는 것은
여자보다 더한 게 없는 것이요
도를 상실케 하는 것은
재물보다 더한 것이 없느니라.

이 때문에 부처님께서 여자와 재물을 가까이하
지 않도록 엄히 다스려 말씀하시기를

"눈으로 예쁜 여자를 보면
호랑이나 독사를 보듯 해야 하고
금과 옥을 몸에 지니게 되면
나무나 돌처럼 보아야만 한다."라고 하셨느니라.

雖居暗室이더라도
수 거 암 실

如對大賓하듯
여 대 대 빈

隱現同時 內外莫異어다
은 현 동 시 내 외 막 이

心淨則 善神 必護하나
심 정 즉 선 신 필 호

戀色則 諸天 不容하니
연 색 즉 제 천 불 용

神必護則 雖難處라도 而無難이요
신 필 호 즉 수 난 처 이 무 난

天不容則 乃安方이라도 而不安하리라
천 불 용 즉 내 안 방 이 불 안

頌曰
송 왈

利慾閻王引獄鎖　　淨行陀佛接蓮臺
이 욕 염 왕 인 옥 쇄　정 행 타 불 접 연 대

鎖拘入獄苦千種　　船上生蓮樂萬般
쇄 구 입 옥 고 천 종　선 상 생 련 낙 만 반

114

남의 눈에 띄지 않는 곳에 있더라도 웃어른을 마주하듯 몸과 마음을 챙겨 남이 보든 안 보든 똑같은 몸가짐 마음가짐으로 안팎이 다르지 않게 살아야 한다.

마음이 깨끗하면 하늘 신들이 좋아하여 보호하지만, 여자를 그리워하면 모든 신들이 용납하지를 않으니,
하늘 신이 지켜주면 어려움 속에 처해 있더라도 어려움이 없을 것이요
하늘 신이 용납하지 않는다면 편안한 곳에 있더라도 마음이 편안하지 않을 것이다.
게송
욕심냄은 염라대왕 지옥 가는 길
맑은 수행 아미타불 연꽃의 향기
지옥으로 들어가면 고통만 가득
극락세계 태어나면 영원한 행복.

其八
기 팔

莫交世俗 令他憎嫉이어다
막교세속 영타증질

離心中愛 曰沙門이요 不戀世俗 曰出
이심중애 왈사문 불연세속 왈출

家라하니 旣能割愛揮人世인데 復何白衣
가 기능할애휘인세 부하백의

結黨遊이리오
결당유

愛戀世俗은 爲饕餮이니
애연세속 위도철

饕餮은 由來로 非道心이니라
도철 유래 비도심

人情이 濃厚하면 道心疎니
인정 농후 도심소

冷却人情하여 永不顧이어다
냉각인정 영불고

116

여덟 번째 도 닦는 길은

세상 사람과 사귐으로써
남의 혐오와 질투를 받지 말아야 하느니라.

마음속에 애욕을 떠나보낸 이를 스님이라 하고,
세상살이를 그리워하지 않는 것을 출가라고 하
니, 이미 애욕을 끊고 세상살이를 떨쳤는데, 어
찌 다시 세인과 어울려 노는 일이 있으리오.

세속 인연을 좋아하고 세상살이를 그리워하는
것은 옷이나 밥에 대한 욕심이 많은 것이니, 밥
이나 옷에 대한 욕심이 많은 것은 예로부터 도
닦는 마음이 아니니라.
세속 사람과 인연이 질으면 도 닦는 마음이 성글
어질 뿐이니, 그런 어설픈 인정은 물리쳐 영원히
돌아보지 말아야 하느니라.

若欲不負出家志라면
약 욕 불 부 출 가 지

須向名山 窮妙旨하되
수 향 명 산 궁 묘 지

一衣一鉢로 絶人情하고
일 의 일 발 절 인 정

飢飽에 無心하면 道自高하리라
기 포 무 심 도 자 고

頌曰
송 왈

爲他爲己雖微善　　皆是輪廻生死因
위 타 위 기 수 미 선　　개 시 윤 회 생 사 인

願入松風蘿月下　　長觀無漏祖師禪
원 입 송 풍 나 월 하　　장 관 무 루 조 사 선

118

출가한 뜻 저버리지 않고자 하면, 모름지기 깊은 산속에서 부처님의 오묘한 뜻을 끝까지 알아 가되, 검소한 옷차림과 살림살이로 세속 사람과의 인연을 끊고, 굶주림과 배부름에 무심하다면 닦는 도는 저절로 높아지리라.

게송

나와 남을 위하는 일 좋다고 해도
모두가 알고 보면 생사의 끈들
솔바람과 밝은 달빛 벗으로 삼아
번뇌 없는 조사선과 함께하리라.

其九
기 구

勿說他人過失이어다
물 설 타 인 과 실

雖聞善惡이더라도 心無動念이어다
수 문 선 악   심 무 동 념

無德而被讚은 實吾慚愧요
무 덕 이 피 찬   실 오 참 괴

有咎而蒙毀는 誠我欣然이니라
유 구 이 몽 훼   성 아 흔 연

欣然則 知過必改요
흔 연 즉 지 과 필 개

慚愧則 進道無怠하리라
참 괴 즉 진 도 무 태

勿說他人過니 終歸必損身하리라
물 설 타 인 과   종 귀 필 손 신

120

아홉 번째 도 닦는 길은

다른 사람의 허물을 말하지 말지어다.

나쁜 말이나 좋은 말을 남한테 듣더라도
흔들리는 마음이 없어야 한다.

쌓은 덕이 없이 남의 칭찬을 받는 일은 진실로
자신에게 부끄러운 일이요, 허물이 있어 충고를
받는 것은 참으로 나에게는 즐거운 일이니라.

충고를 즐겁게 받아들인다면 허물을 알고 반드
시 고칠 것이요, 잘못에 대한 부끄러움을 안다면
도를 닦는 일에 게으름이 없을 것이다.

다른 사람의 허물을 말하지 말지니 끝내
그 결과로 자신의 몸을 다치게 될 것이다.

若聞害人言이어든 如毀父母聲이니
약 문 해 인 언　　　여 훼 부 모 성

今朝 雖說他人過이나
금 조　수 설 타 인 과

異日 回頭論我咎하리라
이 일　회 두 론 아 구

雖然이나 凡所有相 皆是虛妄이니
수 연　　범 소 유 상　개 시 허 망

譏毀讚譽에 何憂何喜리오
기 훼 찬 예　하 우 하 희

頌曰
송 왈

終朝亂說人長短　竟夜昏沈樂睡眠
종 조 난 설 인 장 단　경 야 혼 침 요 수 면

如此出家徒受施　必於三界出頭難
여 차 출 가 도 수 시　필 어 삼 계 출 두 난

다른 사람을 헐뜯고 있는 말은 자신의 부모를 헐뜯고 있는 말로 알아들어야 하니, 비록 오늘 아침에는 다른 이의 허물을 이야기하는 것 같지만 뒷날에는 말머리를 돌려 나의 허물을 이야기 할 것이니라.

비록 그러하더라도 무릇 온갖 모습이 다 헛된 것인데, 그들의 비방과 칭찬에 따라 어찌 근심하고 기뻐할 일이 있겠느냐.

게송

눈을 뜨면 남의 허물 이야기하고
밤새도록 혼침 속에 잠만 즐기면
이런 출가 시주 빚만 더 늘어나니
삼계 고통 벗어나기 더욱 어렵네.

其十
기 십

居衆中에 必常平等이어다
거 중 중   필 상 평 등

割愛辭親은 法界平等일새니라
할 애 사 친   법 계 평 등

若有親疎이면 必不平等이니
약 유 친 소   필 불 평 등

雖復出家라도 何德之有리오
수 부 출 가   하 덕 지 유

心中에 若無憎愛之取捨하면
심 중   약 무 증 애 지 취 사

身上에 那有苦樂之盛衰리오
신 상   나 유 고 락 지 성 쇠

平等性中은 無彼此요
평 등 성 중   무 피 차

大圓鏡上은 絶親疎니라
대 원 경 상   절 친 소

열 번째 도 닦는 길은

대중 속에 살면서
언제나 평등한 마음을 지녀야만 하느니라.

사랑하는 사람과 부모를 떠나온 까닭은 법의 세
계가 평등하기 때문이다. 대중 속에 살면서 어느
한 사람에게 가깝거나 멀다는 생각이 있으면 반
드시 불평등한 마음을 쓰고 있는 것이니, 그런
마음으로 출가한들 공부에 무슨 덕이 있겠느냐.

마음속에 미워하거나 좋아하는 분별이 없다면
나한테 어찌 괴롭고 즐거운 마음이 있을 수 있겠
느냐.
평등한 성품 가운데는 나와 남이라는 구별이 없
는 것이요, 태양처럼 밝은 오롯한 지혜에는 가깝
거나 멀다는 분별이 없느니라.

三途出沒은
삼 도 출 몰

憎愛所纏이요
증 애 소 전

六道昇降은 親疎業縛일새니라
육 도 승 강   친 소 업 박

契心平等하면 本無取捨이니
계 심 평 등   본 무 취 사

若無取捨라면 生死何有리오
약 무 취 사   생 사 하 유

頌曰
송 왈

欲成無上菩提道 也要常懷平等心
욕 성 무 상 보 리 도   야 요 상 회 평 등 심

若有親疎憎愛計 道加遠兮業加深
약 유 친 소 증 애 계   도 가 원 혜 업 가 심

126

생사를 되풀이하는 삼악도는 사랑과 미움에 얽혀 있기 때문이요, 육도에 윤회하는 중생은 친한 이나 친하지 않은 사람들과의 인연으로 복잡하게 얽혀 있기 때문이니라.

경계를 맞이하는 마음이 평등하면 본디 취하고 버릴 것이 없으니 본디 취하고 버릴 경계가 없다면 중생의 생사가 어디에 있겠느냐.

게송

최상의 깨달음을 얻고자 하면
어느 때나 변함없이 평등한 마음
미움이나 사랑만을 따지고 들면
참다운 도 멀어지고 업만 쌓이네.

主人公이여
주 인 공

汝値人道
여 치 인 도

當如盲龜遇木인데
당 여 맹 구 우 목

一生幾何라고 不修懈怠인고
일 생 기 하　　불 수 해 태

人生難得이나 佛法難逢이니
인 생 난 득　　불 법 난 봉

此生에 失却하면 萬劫에 難遇니라
차 생　실 각　　만 겁　난 우

須持十門之戒法하여
수 지 십 문 지 계 법

日新勤修而不退이어
일 신 근 수 이 불 퇴

速成正覺 還度衆生이어다
속 성 정 각 환 도 중 생

128

주인공이여!

그대가 사람으로 태어나는 일은, 눈먼 거북이가 천 년 만에 숨을 쉬기 위하여 넓은 바다에서 구멍 뚫린 나무를 만나는 일처럼 참으로 어렵고도 희귀한 것인데, 그대의 일생이 얼마나 주어진다고 공부는 하지 않고 게으름만 피우는가.

사람으로 태어나는 일은 참으로 어려운 일이지만 부처님의 법을 만나는 일은 더 어려운 일이니, 이번 생에 사람의 몸을 잃게 되면 만겁에 다시 만나기 어렵다.

그러므로 모름지기 도를 닦는 이 열 가지 가르침을 받아 지녀, 날마다 새로운 마음가짐으로 부지런히 도를 닦아 공부에서 물러나는 일이 없이, 어서 빨리 올바른 깨달음을 이루어서 많은 중생을 제도할지어다.

我之本願은 非謂汝獨出生死大海라
아 지 본 원 비 위 여 독 출 생 사 대 해

亦乃普爲衆生也이니라 何以故오
역 내 보 위 중 생 야 하 이 고

汝自無始以來로 至于今生
여 자 무 시 이 래 지 우 금 생

恒値四生하여 數數往還이
항 치 사 생 삭 삭 왕 환

皆依父母而出沒也니
개 의 부 모 이 출 몰 야

故로 曠劫에 父母 無量無邊이니라
고 광 겁 부 모 무 량 무 변

由是로 觀之컨대
유 시 관 지

六道衆生이 無非是汝多生父母니라
육 도 중 생 무 비 시 여 다 생 부 모

如是等類 咸沒惡趣하여 日夜
여 시 등 류 함 몰 악 취 일 야

受大苦惱인데 若不拯濟면 何時出離리오
수 대 고 뇌 약 불 증 제 하 시 출 리

130

본디 나의 원력은 그대 혼자만 생사를 해결하는 것이 아니라 널리 모든 중생을 다 제도하는 데 있느니라. 무슨 까닭이겠느냐.

오랜 옛날부터 지금 생에 이르기까지 그대가 온갖 모습으로 윤회하는 것이 모두 부모를 의지하여 생사를 되풀이하고 있으니, 따라서 오랜 세월에 걸쳐 인연 맺은 부모들이 그대에게는 헤아릴 수 없이 많기 때문이니라.

이로 본다면 육도에 있는 중생이 모두 많은 생에서 그대의 부모 아닌 이들이 없느니라.

이런 이들이 모두 괴로움만 가득한 삼악도에 빠져 밤낮으로 모진 고통을 당하고 있는데, 그대가 이들을 제도하지 않는다면, 어느 때 이들이 그 고통에서 빠져나올 수가 있겠느냐.

嗚呼哀哉라 痛纏心腑로다
오 호 애 재 통 전 심 부

千萬 望汝하노니
천 만 망 여

早早發明大智하고 具足神通之力하여
조 조 발 명 대 지 구 족 신 통 지 력

自在方便之權으로 速爲洪濤之智楫이
자 재 방 편 지 권 속 위 홍 도 지 지 즙

어 廣度欲岸之迷倫이어다
광 도 욕 안 지 미 륜

君不見가
군 불 견

從上諸佛諸祖도 盡是昔日에
종 상 제 불 제 조 진 시 석 일

同我凡夫이니 彼旣丈夫라면 汝亦爾니라
동 아 범 부 피 기 장 부 여 역 이

但不爲也일뿐 非不能也이니라
단 불 위 야 비 불 능 야

132

아! 슬픈 일이니
참으로 마음이 아플 뿐이로다.

부디 천 번 만 번 그대에게 당부하니, 하루빨리
큰 지혜를 드러내고 오롯한 신통력을 다 갖추어,
자유자재한 크고 작은 방편으로 어서 빨리 거친
파도 헤쳐 가는 지혜로운 길잡이 되어, 고통 속
에 빠져 있는 어리석은 중생들을 널리 두루 빠짐
없이 제도할지어다.

그대는 보고 듣지를 못하였느냐.
윗대의 모든 부처님과 조사 스님들도 예전에는
다 그대처럼 똑같은 범부였으니, 그분들이 이미
장부가 되었다면 그대 또한 장부가 될 것이니라.

여태까지 다만 장부가 되려 하지 않았을 뿐
그대가 장부가 될 수 없는 것은 아니니라.

古曰하되 道不遠人인데 人自遠矣라하고
고 왈　　도 불 원 인　　인 자 원 의

又云하되 我欲仁이면 斯仁 至矣라하니
우 운　　아 욕 인　　사 인 지 의

誠哉라 是言也여
성 재　시 언 야

若能信心不退則
약 능 신 심 불 퇴 즉

誰不見性成佛이리오
수 불 견 성 성 불

我今 證明三寶하옵고 ──戒汝하노니
아 금 증 명 삼 보　　　일 일 계 여

知非故犯則 生陷地獄하리라
지 비 고 범 즉　생 함 지 옥

可不愼歟 可不愼歟아
가 불 신 여 가 불 신 여

134

옛 어른께서 "도는 사람을 멀리하지 않건마는
사람이 스스로 도를 멀리한다."라고 하였고,
또 "내가 어질고자 하면 어진 마음이 따라온다."
라고 하였으니,
이런 표현들은 참으로 진실한 말씀이다.

이런 믿음에서 퇴보하지 않는다면
어느 누가 자기의 참 성품을 바로 보아
부처님이 되지 않을 수 있겠느냐.

내가 이제 불佛·법法·승僧 삼보에 증명하고 빠짐
없이 낱낱이 그대에게 일러주고 있는데도, 잘못
인 줄 알고 잘못을 범한다면 산 채로 무간지옥에
떨어질 것이니라.

그러니 어찌 수행자로서 행동을
삼가고 조심하지 않을 수 있겠느냐.

玉兔昇沈催老像　金烏出沒促年光
옥 토 승 침 최 노 상　금 오 출 몰 촉 년 광

求名求利如朝露　或苦或榮似夕烟
구 명 구 리 여 조 로　혹 고 혹 영 사 석 연

勸汝懃懃修善道　速成佛果濟迷倫
권 여 은 근 수 선 도　속 성 불 과 제 미 륜

今生若不從斯語　後世當然恨萬端
금 생 약 불 종 사 어　후 세 당 연 한 만 단

게송

뜨고 지는 둥근 달에 늙어만 가고
동산 서산 오가는 해 세월만 재촉
명예 이익 구하는 일 아침의 이슬
부귀영화 험한 인생 허망한 꿈들.

권하노니 착한 길로 마음 돌려서
어서 빨리 성불하여 중생 구하라
이번 생에 내가 한 말 듣지 않으면
뒷세상에 서러움만 가득하리라.

【회향문】

(   ) 사경 제자는

부처님 전에 사경을 마친 경전을 바칩니다.

경을 쓰는 이 공덕이 보살들의 뛰어난 삶

끝도 없이 뛰어난 복 온갖 공덕 회향하니

이 힘으로 원하건대 무명 속의 모든 중생

지금 바로 부처님의 극락정토 가옵소서.

나무 석가모니불

나무 석가모니불

나무 시아본사석가모니불

20   년   월   일 불제자   정례(頂禮)

정성껏 쓰신 사경을 활용 하는 방법

1. 정성껏 쓰신 사경본은 본인이 지니고 독송용으로 소장하면서, 집안의 가보로 삼으셔도 됩니다.

2. 또한 사경본을 집안 식구나 가까운 친지 및 주변 도반들에게 법공양을 올려 부처님과 인연을 맺어주면 그 공덕으로, 뒷날 그들은 다시 험하고 나쁜 세상에 태어나지 않게 될 것입니다.

3. 육신을 벗어난 영가를 천도하기 위하여 쓰신 사경본은 사십구재나 기일을 택하여 그들의 극락왕생을 위한 의식을 행할 때, 소대가 있는 절에서 도솔천으로 공양을 올리기도 합니다.

4. 법당이나 성스러운 불상 또는 부처님의 탑을 조성할 때 복장용으로 안치한 사경본은 오랜 세월이 흐른 뒤에도 정법을 이어주는 공덕이 있습니다.

원순 스님

해인사 백련암에서 성철 스님을 은사로 모시고 출가하여
해인사·송광사·봉암사 등 제방선원에서 정진하였다.
『명추회요』를 번역한 『마음을 바로 봅시다』『한글원각경』『육조단경』『선요』
『선가귀감』을 강설한 『선수행의 길잡이』 등 다수의 불서를 펴냈으며
난해한 원효 스님의 『대승기신론 소·별기』를 『큰 믿음을 일으키는 글』로 풀이하였다.
현재 송광사 인월암에서 안거 중.

초발심자경문 사경본

초판 발행 | 2023년 3월 22일
펴낸이 | 열린마음
풀어쓴이 | 원순

펴낸곳 | 도서출판 법공양
등록 | 1999년 2월 2일 · 제1-a2441
주소 | 03150 서울시 종로구 삼봉로 81
두산위브파빌리온 836호
전화 | 02-734-9428
팩스 | 02-6008-7024
이메일 | dharmabooks@chol.com

ⓒ 원순, 2023
ISBN 979-11-92137-04-9

값 10,000원

원순 스님이 풀어쓰거나 강설한 책들

능엄경 1, 2   중생계는 중생의 망상으로 생겨났음을 일깨우며, 번뇌를 벗어나
부처님 마음자리로 들어가는 가르침과 능엄신주를 설한 경전

규봉스님 금강경   금강경을 논리적으로 풀어가고 있는
기존의 시각과 다른 새로운 금강경 해설서

부대사 금강경   경에 담긴 뜻을 부대사가 게송으로 풀어낸 책

야부스님 금강경   경의 골수를 선시로 풀어 가슴을 뚫는 문학적 가치가 높은 책

육조스님 금강경   금강경의 이치를 대중적으로 쉽게 풀어쓴 금강경 기본 해설서

종경스님 금강경   아름다운 게송으로 금강경 골수를 드러내는 명쾌한 해설서

함허스님 금강경   다섯 분의 금강경 풀이를 연결하여 꿰뚫어 보게 하면서
금강경의 전개를 파악하고 근본 가르침을 또렷이 알 수 있게
설명한 험허스님의 걸작

지장경   지장보살의 전생 이야기와 그분의 원력이 담긴 경전

연꽃법화경   모든 중생이 부처님이라는 혁신적인 내용을 담고 있으면서도
고전문학의 가치를 지닌 경전

연경별찬   설잠 김시습이 『연꽃법화경』을 찬탄하여 쓴 글

한글 원각경   함허득통 스님이 주해한 원각경을 알기 쉽게 풀어쓴 글

초발심자경문   이 세상 모든 사람을 위한 마음 닦는 글

치문 1·2·3권   생활 속에서 가까이 해야 할 선사들의 주옥같은 가르침

선가귀감   경전과 어록에서 선의 요점만 추려 엮은 '선 수행의 길잡이'

큰 믿음을 일으키는 글 불교 논서의 백미로 꼽히는 『대승기신론 소·별기』 번역서

마음을 바로 봅시다 上下 『종경록』 고갱이를 추린 『명추회요』 국내 최초 번역서

선요	선의 참뜻을 일반 불자들도 알 수 있도록 풀이한 글
몽산법어	간화선의 교과서로 불리는 간화선 지침서
禪 스승의 편지	선방 수좌들의 필독서, 대혜 스님의 『서장書狀』 바로 그 책
절요	'선禪의 종착지로 가는 길'을 알려주는 보조지눌 스님의 저서
진심직설	행복한 마음을 명료하게 설명해 주는 참마음 수행 지침서
선원제전집도서	선과 교의 전체 내용을 체계적으로 정리한 참 좋은 책
무문관	선의 종지로 들어갈 문이 따로 없으니 오직 화두만 참구할 뿐.
정혜결사문	이 시대에 정혜결사의 뜻을 생각해 보게 하는 보조 스님의 명저
선문정로	퇴옹 성철 큰스님께서 전하시는 '선의 종착지는 어디인가?'
육조단경 덕이본	육조스님 일대기와 가르침을 극적으로 풀어낸 선종 으뜸 경전
돈오입도요문론	단숨에 깨달아 도에 들어가는 가르침을 잘 정리한 책
신심명·증도가	마음을 일깨워 주는 게송으로서 영원한 선 문학의 정수
한글 법보 염불집	불교 의식에 쓰이는 어려운 한문 법요집을 그 뜻을 이해하고 염불할 수 있도록 아름다운 우리말로 풀어씀
신심명 강설	신심명 게송을 하나하나 알기 쉽게 풀어 선어록의 이해를 돕는 간결한 지침서
선禪 수행의 길잡이	선과 교를 하나로 쉽게 이해하는 『선가귀감』을 강설한 책
돈황법보단경 강설	육조스님 가르침을 간결하고 명료하게 담고 있는 책. 저자의 강설이 실려 있어 깊은 뜻을 쉽게 이해할 수 있는 책

독송용 경전 _ **우리말 금강반야바라밀경 및 금강경 사경본**

　　　　　　　　관세음보살보문품 및 보문품 사경본

　　　　　　　　약사유리광 칠불본원공덕경 및 약사경 사경본

　　　　　　　　보현행원품 사경본

　　　　　　　　우리말 불설 미륵경 및 미륵경 사경본